[韩]郑多燕 著
张琳 长安静美 译

塑身女王完美曲线伸展操

广西科学技术出版社

著作权合同登记号：桂图登字：20-2011-300

图书在版编目（CIP）数据

塑身女王完美曲线伸展操/（韩）郑多燕著；张琳，长安静美译．—南宁：广西科学技术出版社，2013.7
ISBN 978-7-80763-978-7

Ⅰ．①塑… Ⅱ．①郑… ②张… ③长… Ⅲ．①女性—健身运动—基本知识
Ⅳ．① G831.3

中国版本图书馆CIP数据核字（2013）第098806号

SU SHEN NÜWANG WANMEI QUXIAN SHENZHAN CAO
塑身女王完美曲线伸展操

作　　者：[韩]郑多燕　　译　　者：张　琳　长安静美
责任编辑：李　竹　　封面设计：古涧·任熙
责任校对：曾高兴　田　芳　　内文排版：奇视妙想屋·曹德宝
责任印制：陆　弟　　版权编辑：李琼兰

出 版 人：韦鸿学　　出版发行：广西科学技术出版社
社　　址：广西南宁市东葛路66号　　邮政编码：530022
电　　话：010-53202557（北京）　0771-5845660（南宁）
传　　真：010-53202554（北京）　0771-5878485（南宁）
网　　址：http://www.ygxm.cn　　在线阅读：http://www.ygxm.cn

经　　销：全国各地新华书店
印　　刷：北京尚唐印刷包装有限公司　　邮政编码：100162
地　　址：北京市大兴区西红门镇曙光民营企业园南8条1号
开　　本：880mm × 1240mm　1/32
字　　数：120千字　　印　　张：2.5
版　　次：2013年7月第1版
印　　次：2014年5月第5次印刷
书　　号：ISBN 978-7-80763-978-7
定　　价：39.80元

引导你变成易瘦
“无压力BODY”的独创健身STYLE

郑多燕健身操与一般的健身操稍有不同。
它可以增强身体的柔韧性，
并能够充分达到一般健身运动所具备的预防运动受伤、提高运动效果的作用。
除此之外，郑多燕健身操还注重对美的追求，
在增加运动效果的同时使身体更接近理想的均衡状态。

筋骨作为减肥的关键，不用会变紧，使用过度也会变紧。
筋骨紧了，就相当于在筋骨上面加了一把锁。
这样，好不容易为了减肥坚持锻炼，结果还是难以见效。

Prologue

而且，筋骨紧实的话，运动中产生的乳酸就会积聚在其中，
成为巨大的阻力，使得疲劳感挥之不去，身体的状态越来越差。
坚持下去本该会让我们精神百倍的运动，
就变成一件痛苦的事情了！

正因如此，要想减肥成功的话，我们首先就要让身体的筋骨收缩或者放松，
把那把锁打开。
郑多燕健身操就可以通过半小时的一系列动作，
让我们全身所有的筋骨都彻底收缩并放松下来。
做完这个健身操后，就好像给自己做了一个全身按摩一样，
非常轻松畅快呢。
这种清爽舒畅的感觉，也是郑多燕健身操的魅力所在。

Contents

Part 1

伸展：创造最美身体的健身操

它可以让你全身都舒服得
伸展开来，身体和心灵都变得柔软。
向着最佳比例前进吧！

这个运动的重点在于伸展。伸展，原本是指肌肉和肌腱有意识的收缩和放松。实际上，我们日常生活中也总是无意识地进行着伸展运动。疲劳时，或者起床时，总会无意识地伸懒腰吧？这其实就是一种伸展运动。可见我们潜意识里就知道，伸展对于修复身体非常重要。

郑多燕健身操，让你散发出熠熠生辉的女性光芒，为你打开通往美丽身体的大门。

我的减肥历程，比什么都持续得长。

因为我把能持续下去看得很重要。

减肥如果伴随着苦痛，是坚持不下去的。

因此，这个健身操也是考虑到能让大家舒服地坚持下去而系统创作完成。

首先，我在设计动作时以谁都可以简单完成作为基础，并且让大家可以愉快地坚持下去，最终切实地体会到效果。

此外，这里面没有剧烈动作，只需要一点空间就能完成，大家能够自在地尝试，这也是其魅力所在（只需瑜伽垫大小的空间就OK）。

郑多燕健身操不仅能够伸展身体的每个细胞，而且每天坚持锻炼，不知不觉中还可以矫正骨骼和身体比例，让你的体脂达到满意程度。

进一步说，它还能消除由于肌肉和韧带僵硬引起的腰痛、脖子酸、肩酸等症状。

还有，练习健身操后由于血液循环变得顺畅，发冷和浮肿也能有所改善，更兼具美肌效果。

郑多燕健身操具备如此多令人期待的惊喜效果，你还有什么理由不来尝试一下呢？

郑多燕
1966年生
健身教练

2003年，郑多燕将自己的减肥经验做成专栏放到网上后，一跃成为韩国明星人物，从而也诞生了一个新词——“Momjiang”，在韩语中意味着“健康美丽的身体”。郑多燕在经营健身房的同时，还设立了培训机构“JETA”，致力于培养后备力量。在日本，她已经出版了书籍，发行了DVD，并且活跃于各种盛会。此外，“JETA Japan”也在日本成立，郑多燕减肥天团正在不断发展壮大。

令人惊喜的效果有这些！

郑多燕伸展健身操的12大必杀技

1 告别昏沉疲乏的状态

2 使骨盆回到正确的位置，达到理想比例

3 零压力，达到完美体质

4 减少肌肉、肌腱和韧带受损的风险

5 促进血液循环，皮肤光滑有弹性

6 矫正身体左右平衡

7 增强体力

8 提高运动能力

9 减缓腰痛、脖子酸、肩部酸疼

10 对抗身体发冷、浮肿

11 让身体变得更有活力

12 和失眠、轻度忧郁say goodbye

郑多燕伸展健身操的要点

柔软的身体不容易发胖，最容易瘦下来。所以，伸展身体很重要。

这次，我之所以提出要以伸展动作为重点进行运动，是有原因的。以我的经验来说（根据我在教课的健身房等地的观察），身体僵硬的人，往往怎么减肥都难以达到效果。这种类型的人不仅肌肉和关节难以活动开，而且肌肉中的血液和淋巴容易循环不畅。我们的身体，本身就是由大约60兆个细胞构建而成的，这些细胞从血液中摄取营养物质，不断进行新陈代谢。因此，一旦血液循环不良，新鲜的血液就不能充分输送到细胞中，从而引起“细胞活动减退”。细胞的代谢降低后，整个身体的代谢也就不通畅了，最终就变成了不容易消耗能量的体质。

所以说，僵硬的身体容易发胖。与此相反，由于新陈代谢旺盛，柔软的身体不容易发胖，而且正因为身体灵活、活动量大，反而很容易就变瘦了。“我是天生就身体僵硬啊，要怎么办才好呢？”——有这种担心的话，您大可放心，我并不是说要大家拥有体操队员那样的柔韧性。仅仅希望大家知道的一点就是，身体只要比现在的状态稍微柔软一点点，减肥效果就会有质的飞跃哦。

关于健身操的Q&A

为使健身操切实产生效果，我先将其中的相关要点列出来稍作解答，请作为参考哦~

Q 我还是很担心我那僵硬的身体，在开始健身操前，请告诉我一些注意事项。

A 首先，绝对不要勉强自己。每个人的身体都不一样，所以我们本身所拥有的柔韧性也有个体差异。因此，做健身操要是达到痛感强烈的程度，不如说就是在折磨我们的身体了。只要在感到舒服的范围内坚持下去，身体就会越来越灵活的。另外，利用反作用力也是NG的哦。

Q 好想快点见效……怎样做才能取得更好的效果呢?

A 一定要集中注意力，不要忘了现在正在进行的伸展动作是在运动身体的哪个部分！如果只是意识散漫的“半吊子运动”，效果也会减半的。请参考这次随书DVD中的《解说篇》，牢牢掌握各个动作及其要点哦。

Q 运动时穿什么衣服比较好呢？请推荐一下适合健身操的服装。

A 就算是为了使动力UP，也还是选择专门的运动服吧，不要就穿着便装。我们就选一件宽松舒适的衣服吧。那些穿上后腹部胸部特别紧绷的衣服，在身体伸展时会有不适感，因此NG。另外，我推荐在地板上铺一块垫子或者毛巾哦。脚上的话，光脚就OK了！

Q 健身操在什么时间点进行比较好呢?

A 早晨做健身操，可以使一天在轻松愉快中开始。洗完澡后，身体正好变柔软的时间点也OK。基本上来说，只要时间方便，什么时候进行都无所谓，但是请大家尽量避免饭后马上进行运动。肚子很饱的时候，不仅难以保证动作正确，还会使得呼吸困难。

Q 做健身操时的注意点有哪些？如果有特别需要注意的，请告诉我。

A 伸展动作中，一定不能屏住呼吸。这一点非常重要哦！尽量保持一定的节奏，进行深呼吸。另外，最好保持室温稍微温暖一点比较好，这样容易运动开。如果感到身体难受，请立刻STOP，千万不要勉强！

1天练习30分钟的伸展操，再根据90分钟的分解篇掌握细节动作。边燃烧脂肪，边锻炼出正确的姿势和健康的骨骼。

郑多燕健身操是循环训练式的训练方法。

因此，训练时不能分开进行，要在30分钟之内边运动全身所有的肌肉，边对造成身体畸形的源头——错乱的骨骼进行矫正。

至于运动的时间点，只要符合自己的生活节奏就OK了。

就我个人来说，我喜欢在吃过早餐后两小时，也就是早晨9点钟左右进行。

早晨花30分钟进行一下这个项目，让全身所有的肌肉都舒服得伸展开来，不仅能让还残存一点睡意的身体精神振作、焕然一新，还能促进血液循环，让你度过充满能量的一天。所以推荐大家一定要做哦。

另外，这个健身操就动作本身来说是很简单明了的，所以，着力在身体的哪部分、如何动作，就成了能否产生效果的重中之重。

因此，除了30分钟的正文，我又在90分钟的《解说篇》中对每个动作进行了细致的说明。

希望大家可以反复参阅，牢牢记住动作及其注意点、NG点。

作为特赠，随书还附有海报，可以贴在房间的墙上，方便确认训练的动作和顺序。欢迎大家使用。

★训练时的注意点

- 这个健身操是为了健康而创作的。
  体质不好的朋友，或者以前患过病的朋友，一定要在获得医生的许可后再进行训练。
- 孕期或者刚生完孩子后想要进行训练时，一定要事先与医生商量。
  特别是对于要运动骨盆的训练，孕期中一般来说应当避免，请注意。
- 进行训练时，要确保地面不滑、周围没有障碍物。
- 训练时不要勉强，顺应自己的身体情况，根据自己的节奏进行。
  如果中途出现不适情况，请立即中止训练。

DVD的使用方法

点击选择，出现录像画面。本篇共分为38个单元，共有90分钟的课程详细介绍。

菜单画面1

点击选择，出现录像画面，可以开始学习30分钟的郑多燕健身操课程。

点击选择，出现菜单画面2。

菜单画面2

点击选择，出现菜单画面1。

点击选择01~15中任一编号，出现录像画面。每个单元都包含对于课程细致的解说。

返回菜单画面1。

菜单画面3

点击选择，出现菜单画面4。

点击选择，出现菜单画面2。

点击选择16~30中任一编号，出现录像画面。每个单元都包含对于课程细致的解说。

返回菜单画面1。

菜单画面4

点击选择，出现菜单画面3。

点击选择31~38中任一编号，出现录像画面。每个单元都包含对于课程细致的解说。

返回菜单画面1。

Part 2

郑多燕健身操助你告别烦恼

让你短时间内告别烦恼！
想起来就练习一下，成为充满女性魅力的、活力四射的、理想的自己。

本章中讲到的告别烦恼的健身操，是从30分钟的正文课程中精选出来的。实在没时间练习的时候或者想进一步消除疼痛烦恼时，请使用这些方法。美，并不是一朝一夕之事。只有每天重复不懈地练习，才是让美丽之花盛放的捷径。另外，还希望大家要随时留意身体的反应和变化。而且，将注意力集中在想要瘦下来的身体部位，效果会大不一样哦。

*解说文字前面的编号与DVD录像中的编号相对应。
关于动作的细节，请参照DVD录像。

肩酸

在电脑和书案前工作，感到疲劳时

长时间在电脑或者书案前工作，脖子和肩膀很容易感到僵硬酸痛。如果放任不管的话，就会进而导致头痛。因此，一旦觉得有酸痛感，就立刻赶跑它吧。这个伸展动作能够让你的脖子、肩膀、背部和侧腹部舒服地延伸开来，不仅能适当地拉伸肌肉、消除疲劳，还对酸痛引起的眼部疲劳有一定的效果。

02

两臂抬起交叉放在脑后，头抬起，
视线朝上看，打开肘关节，
利用两侧到肩部的力量延伸。
注意肘部和背部要保持一直线。
接下来，放下肘部至胸前并且拱起背部，
伸展后颈及脊背肌肉。

03

单臂轮流抬起至斜上方，
伸展侧腹部。
注意臂部不能离开地板。
慢慢动作，保持。
这个动作不仅能缓解肩部疼痛，
还可以改善手臂肌肉松弛哦。

消除便秘

刺激大肠，肠道通畅

要想通过排毒使体内畅通，最简便有效的方法莫过于消除便秘了。排便通畅，不仅能够净化体内，对皮肤也大有好处呢。快来尝试一下吧。

充分摄取食物纤维和水分+运动刺激肠胃=从沉重体质到清爽体质的大变身！

08

双腿交叉盘腿坐正，
两臂向后伸直，双手手指交叉，
背肌拉伸成一直线。
保持背部肌肉伸直，上身慢慢前倾。
之后，缓慢抬起上身，
两臂向上抬起至侧上方。

09

两脚脚背相对，坐正，
双手轻压膝盖，上身前倾。
保持这个姿势，打开骨盆。
接下来，慢慢将膝盖收回原位，
同时弓起脊背，
使尾骨到脊柱都得到拉伸。

腰部曲线

助你拥有小蛮腰，展现曼妙曲线

腰部的曼妙曲线，是女人味十足的象征，绝对值得你拥有哦。实际上，腰部虽然没有骨头遮挡，很容易长肉，但它也是最能明显体现运动效果的部位。这里介绍的这个动作，除了能帮助我们拥有迷人的腰部曲线之外，还能提高上半身的柔韧性，将脊椎和软骨调整至正确位置，从而帮助矫正驼背等不良姿势。

10

抱膝坐好，稍微抬起脚后跟，伸直背肌。
手臂向前伸直，慢慢转动上半身，拉伸侧腹部。
头部颈部也随着手臂缓慢移动，但注意视线要朝着反方向看。
这样，颈部侧面的肌肉也能充分伸展开。
左右两个方向都试一下吧。

背肌要伸直。
脚尖和膝盖要保持
一条直线！

11

面朝前方坐好，将手放在臀部后侧方，支撑上半身。
保持这个姿势，两膝并拢，慢慢放倒至接近地面。
注意，视线要直视前方，肩部线条尽量保持水平。
坚持膝盖贴近地面的状态一段时间，再换到另一侧。
整个过程中，膝盖和脚尖都要保持紧绷。
做好这个动作的秘诀是，骨盆要尽量最大限度地弯曲，
缓慢动作，不要半途而废。

下半身

消除浮肿，还你修长双腿

一直坐着或者站着不仅会直接导致下半身浮肿，还是腰痛的主要成因，让人痛苦不堪。现在介绍的这个动作，就能帮你一次彻底告别上述烦恼。除此之外，由于运动到了从臀部到大腿、脚踝的所有腿部肌肉，还能有效帮助收紧下半身肌肉，矫正腿部曲线，塑造出完美的下半身哦。

32

仰躺在地板上，屈起双腿，
双手紧抓膝盖并使其尽量贴近胸腹部。
单腿向上充分伸直，再慢慢放下，
另一条腿也重复相同动作。
这个动作能让积存在下半身的血液回归到上身，
因此对于促进新陈代谢也事半功倍呢！

两腿伸直，仰躺在地板上，
屈膝并使膝盖尽量靠近胸腹部，
拉伸背肌和骨盆。
另一条腿也重复相同动作。
这个动作不仅能够瘦腿，
对于消除下腹赘肉也有一定效果。

骨盆&腿部关节

伸展骨盆，让你腰线紧实

本篇介绍的动作不仅能帮你充分伸展腿部关节和骨盆，还能解决腰痛烦恼，甚至对于腹部胀气也有一定的效果。骨盆和腿部关节变形是造成身材走样的源头，而通过这个动作就能集中锻炼骨盆和腿关节，长期下去可以使骨骼回到正确的位置，很值得期待哦。另外，该动作还能促进淋巴管周围的循环，对付下半身浮肿也卓有成效呢。

33

双腿伸直，仰躺在地板上。
屈起其中一条腿，手扶住膝盖和脚踝，尽量往上提。
注意，另一条腿的膝盖不能离开地板。
接下来，再将屈起的这条腿尽量往下压，贴近地板。

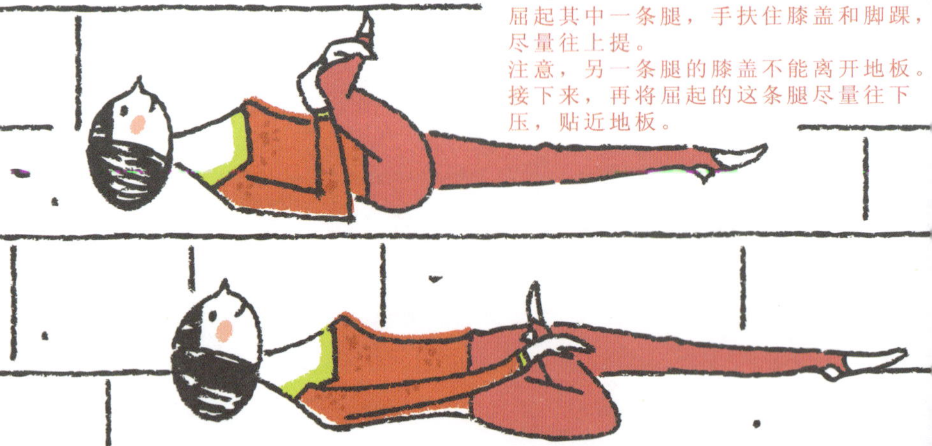

之后，再回到膝盖上提的状态，
将伸直的那条腿拉近胸腹部，
充分拉伸臀部和腰部肌肉。

将手松开，上身屈体，骨盆倒向一侧，视线则看向另一侧。
放倒骨盆至地板时，用手压着膝盖也OK。

告别烦恼的运动INDEX

郑多燕健身操由38个单元的练习组合构成。针对腰部、骨盆、肩酸等各部位和各种各样的烦恼，分别有与之相对应的单元。请分别选择可以消除烦恼的对应运动。

肩酸	02／03／05／06／07
骨盆	26／29／33／35／36
背部	03／14／15／19
腹部	03／12／23／32
上臂	03／04
腿部关节	16／18／32／33
姿势矫正	01／10／11／30
腰部线条	10／11／21／22／28
消除便秘	08／09／10／18／35
腿部线条	12／20／24／25／32
浮肿	09／19／24／31／32
腰痛	17／27／32／34／37
臀部	26／37
柔韧性	13／34
疲劳感	18／26／38

※ 请从DVD《解说篇》的Chapter中选择对应的编号。

Part 3

一招一式一新生 伸展操精髓分解

超详细图解郑多燕健身操，
指引你亲身体验完美无压力body
的藏宝图！

图解浓缩郑多燕健身操精髓，方便操作，简单易学！只要跟随图解学个一招半式就能即刻解放身体压力。还在烦恼工作之余的腰酸背疼？还在抱怨颈枕无用让颈椎很受伤？还在惧怕高跟鞋穿太多留下的骨盆错位等严重后果？现在开始，拨开这些愁云惨雾，只要你有信心有耐心有对自己的关爱之心，跟着我们一起练习吧，让你的身心从此新生！

Stretching 01

①高举双手，背挺直。

②双手往前推，弓背，伸展你的背部。（重复）

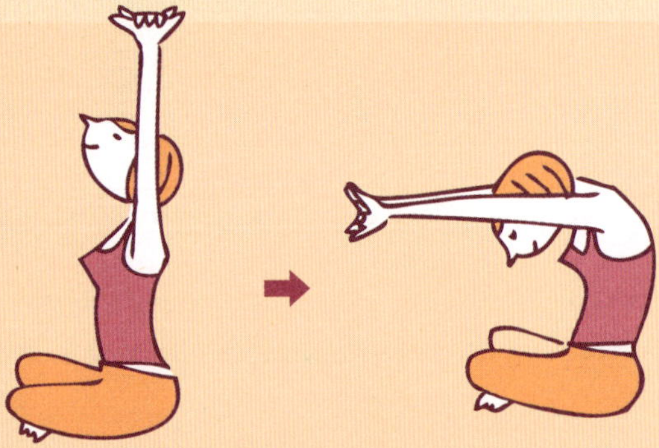

Stretching 02

①手套在头后，扩展胸部，眼睛向上看。

②手放头顶，低头，轻轻地拉伸颈部。（重复）

Stretching 03

①伸右手，左侧弯，将腋下的肌肉伸展到极限。

②换边再做一次。

Stretching 04

①手肘朝上，往内侧拉动。

②换手再做一次。

Stretching 05

①右手伸到后背，左手握住右手手腕，慢慢往左侧拉。

②换手再拉伸一下。

Stretching 06

①右手向左侧延伸，左手牵引右手，头看向右侧。

②换手，将手腕向另一侧延伸，头与手方向相反。

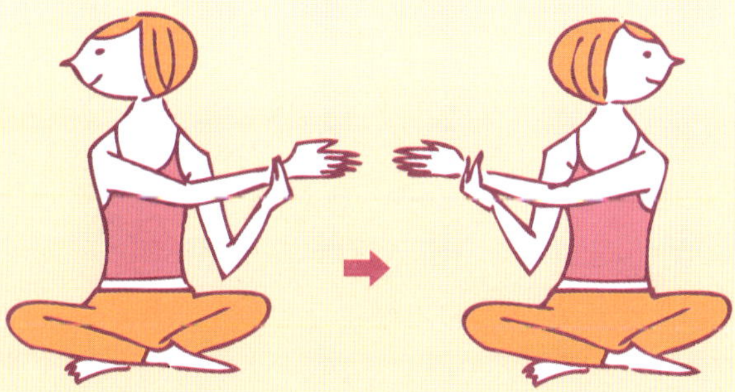

Stretching 07

①右手轻放于左肩，脸转向相反一侧。

②换边，再做一次。

Stretching 08

①双手上扬互扣在身后，体前屈，慢慢压低。（手臂与身体达到 90°最佳）

②松手，弓背挺直，双臂斜上方 45° 画圆。（重复）

Stretching 09

①双脚掌合十，双手撑住膝盖下压，身体自然下压。

②双膝并拢，脚尖点地，弓背，视线看向脚尖。（重复）

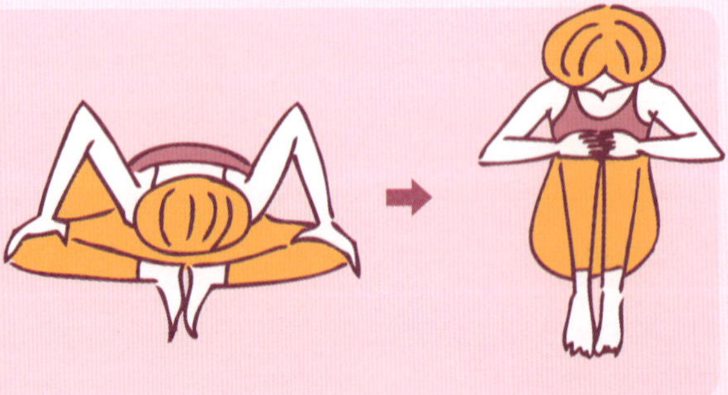

Stretching 10

①维持姿势，往左边扭转，右手触碰左侧地面。

②换边，转向右重复动作。

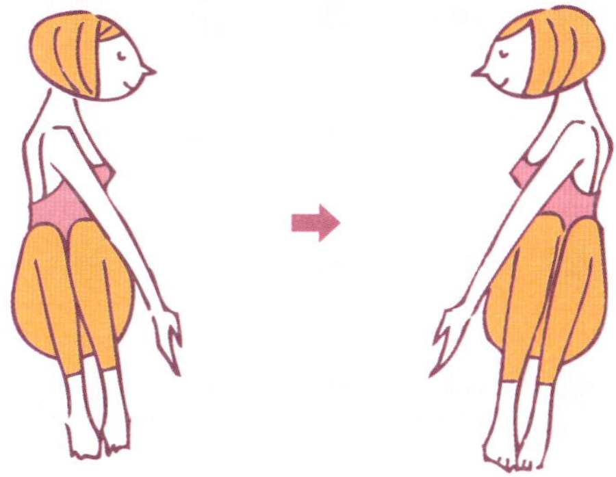

Stretching 11

①双手撑地，膝盖倒向左侧。尽可能地扭转骨盆。

②换边再做一次。

Stretching 12

①双腿伸直，身体前屈，指尖尽量勾脚尖。起身，双臂挺直，手心向内侧双手合十。

②重复上述动作。

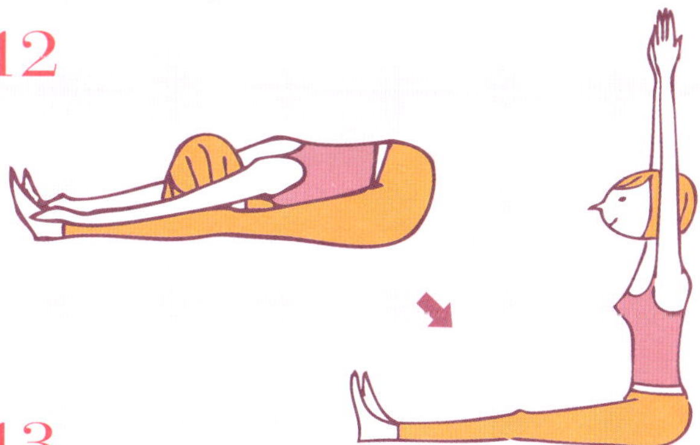

Stretching 13

①右手伸向左脚踝外侧，指尖点地，左臂伸直上扬。

②换边，再做一次。

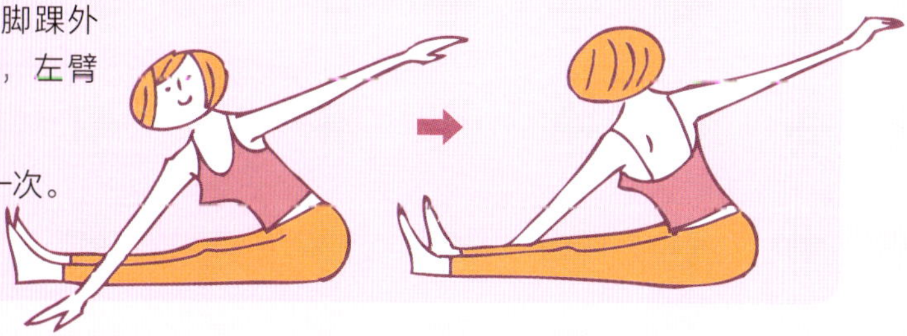

Stretching 14

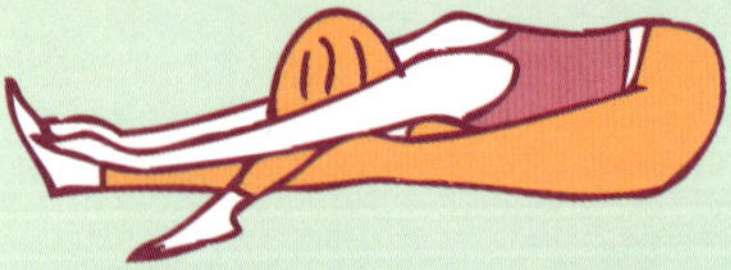

①右腿搭在左腿上方，右脚尖点地，身体前屈，指尖勾脚尖。

②起身，双臂挺直，手心向内侧双手合十。

Stretching 15

①腰背挺直，右膝挺立，身体正直扭转向右侧，双手支撑地面。

②换边，扭转上半身，腿部不动。

Stretching 16

①膝盖放平，身体前屈，双手抱住脚底。

②右手背贴左脚外侧，左手上扬。扩展胸腔，眼睛向上看。

③反方向再做一次。

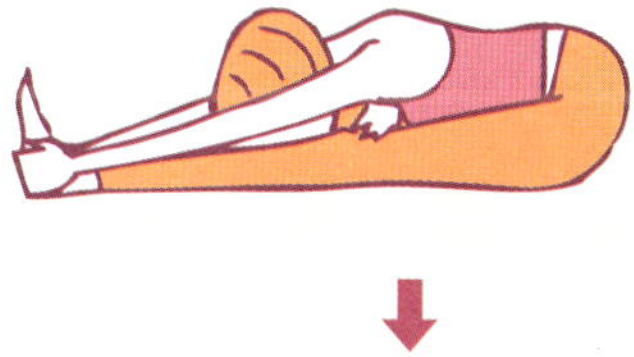

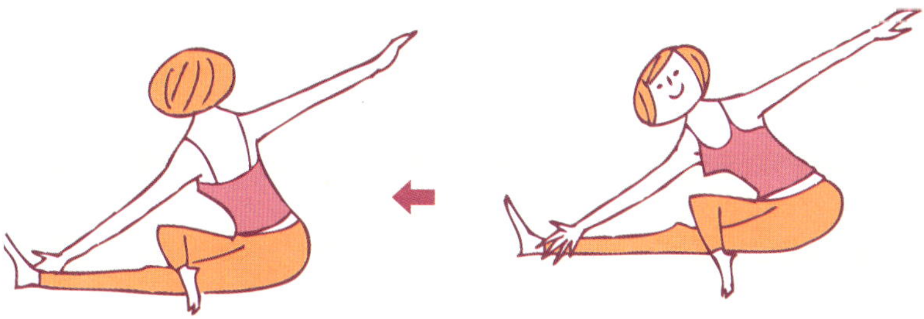

Stretching 17

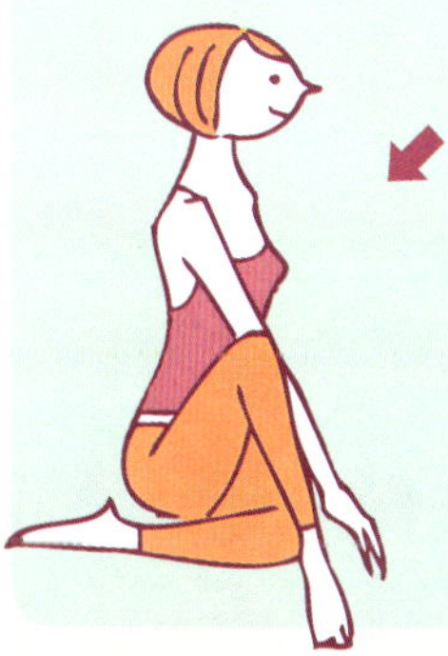

①起身，双手撑地，扭转骨盆向左侧。膝盖尽量贴地板。

②盘左腿，右膝挺立交叉于左腿上。身体向右侧扭转，指尖触地。

③换边扭转并停留。（重复一次）

◎步骤 14、15、16、17 反方向完整重复一遍。

Stretching 18

①左脚后移，Z 字坐姿，保持这个动作。

②双手以躯干为圆心画圆。身体转向右侧，停留。

③上半身转正，双手从两侧上扬举过头顶。

④右手前臂及手肘触地，面向前，身躯向右弯曲，左臂同时向右。

⑤左手贴耳侧向前伸长，身体转向右侧。

⑥起身，回正。双手向前伸展，身体伏地前屈。

Stretching 19

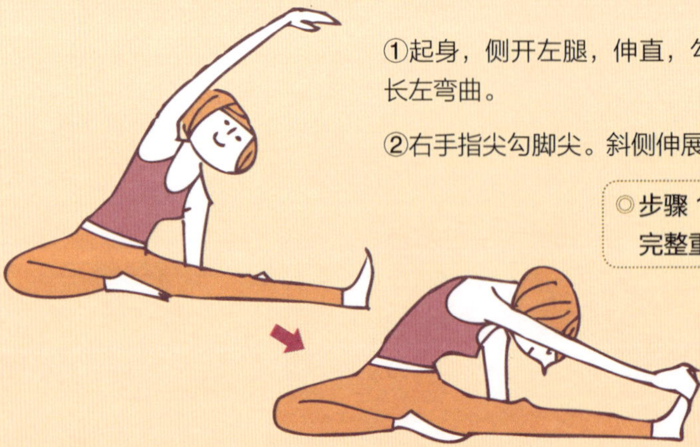

①起身，侧开左腿，伸直，勾脚尖。右手伸长左弯曲。

②右手指尖勾脚尖。斜侧伸展背部。

◎步骤 18、19 反方向完整重复一遍。

Stretching 20

①身体正直朝前，前劈叉，维持脚尖朝上，双手撑地。

②脚尖回勾，脚跟触地。双手撑地不变。（重复几次）

Stretching 21

①左前臂触地，上半身缓缓往左侧伸展再回正。

②换边侧弯。伸展，回正。

Stretching 22

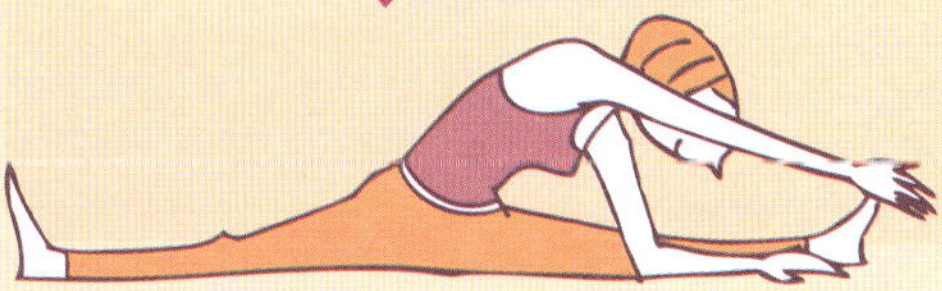

①左手向后背伸展，身体左侧弯，拉伸。

②左前臂放腿前，右手手心朝前向上伸直。扩展胸腔，眼睛看向正上方。

③右臂伸直向左侧伸展，右手指尖抓脚尖，左前臂触地。

Stretching 23

①双手上扬与躯干保持 45°角，颈部右转看向右手指尖。

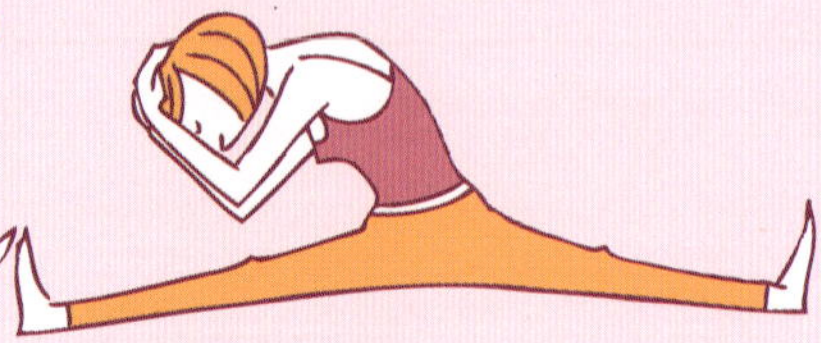

②双手抱住前额，低头向右侧转体并下压上半身。

③双手上扬与躯干保持 45°角。

Stretching 24

①侧躺，抬左腿伸直向上，脚尖延伸。左手扶腿，右手肘支撑头部。

②保持姿势，勾左脚尖。（重复几次）

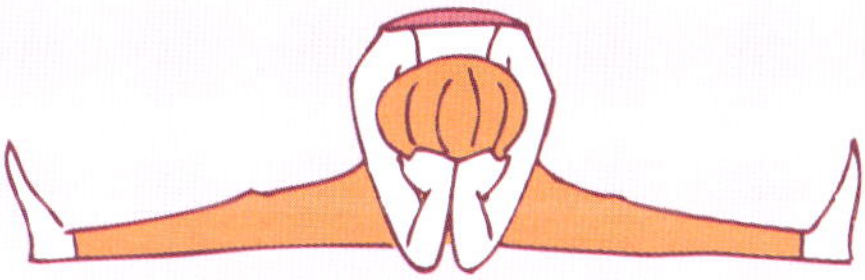

④双手握拳顶住前额，手肘支地，体前屈。

⑤双手上扬与躯干保持 45° 角，颈部左转看向左手指尖。

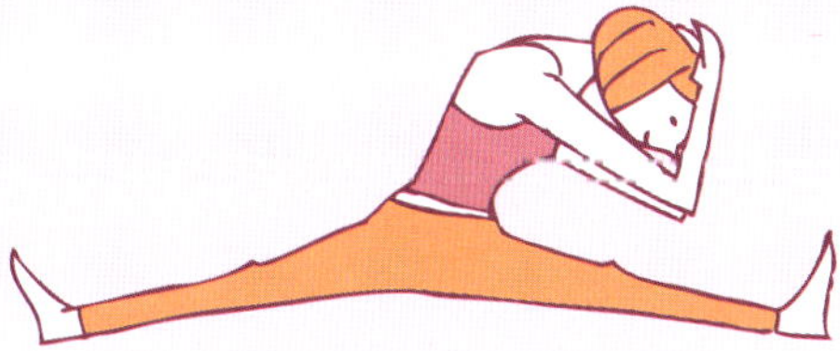

⑥双手抱住前额，低头向左侧转体并下压上半身。

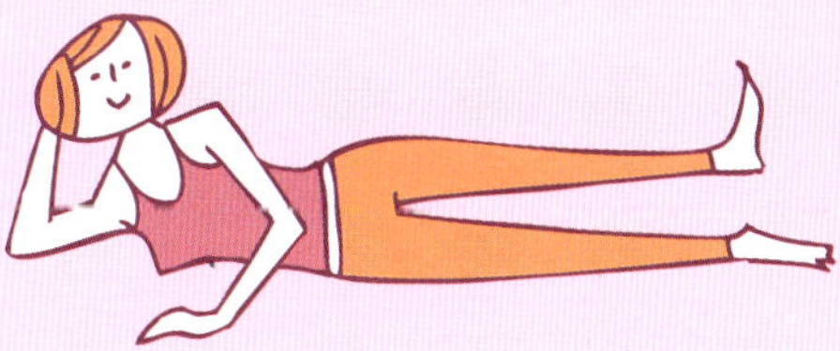

③保持勾脚姿势将左腿放下，左手掌触地。

④绷脚尖抬腿。重复步骤 3、4。

Stretching 25

①慢慢将腿往下，弯曲膝盖，脚尖勾向腿部。

②缓缓舒展腿，延伸脚尖。

③再次弯曲膝盖，脚尖勾向腿部。

④使膝盖向头部靠近，大腿与触地腿呈135° 角，小腿与触地腿平行并脚背平直。

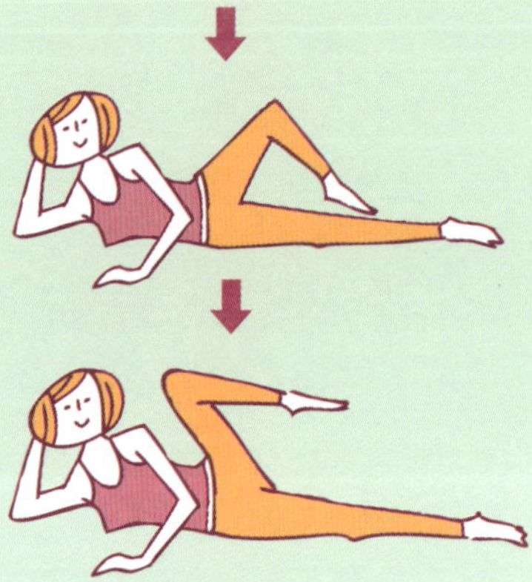

Stretching 26

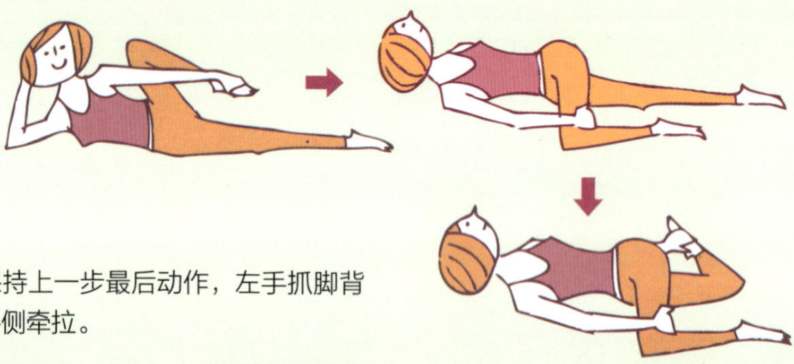

①保持上一步最后动作，左手抓脚背向头侧牵拉。

②视线向上，躺平，右手扳左腿膝盖至右腿外侧。

③左手勾右脚尖，右腿向头侧内勾。

④右手肘撑地，右腿小腿内勾与左手相握，左腿弯曲膝盖并尽量整腿贴地面。

Stretching 27

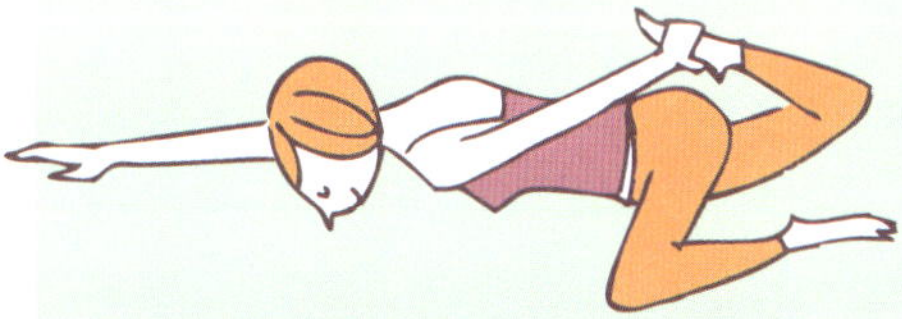

①面朝下伸直右手臂，左手向后背侧抓右脚，右腿回勾，左腿弯曲。

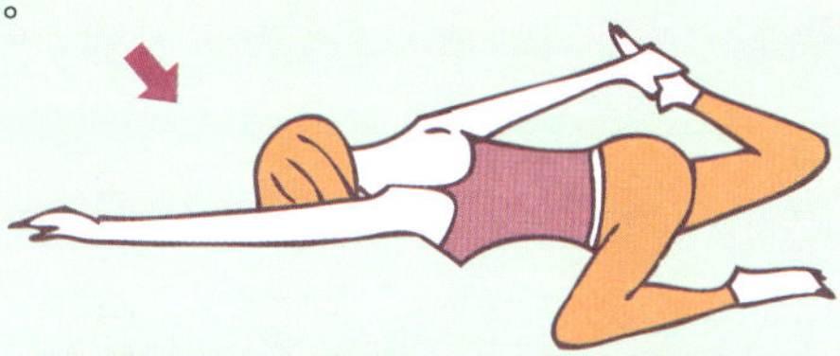

②换手，左手臂伸直，右手抓右脚。

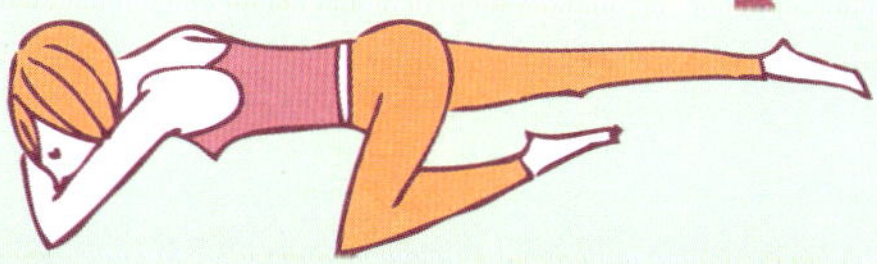

③右腿放平，双手抱臂垫于下巴处。

④双手撑地板，身体挺直并尽量后仰伸展。

⑤转头，视线平齐。

⑥双腿往后并拢伸直，双手撑地起身，身体尽量后仰。

⑦收腹，臀部后推，坐于脚跟上。双手伸直，面朝下前屈贴地。

⑧趴倒，往后看脚踝。左手穿过右手臂下，扭转上半身。

◎步骤 24、25、26、27 反方向完整重复一遍。

Stretching 28

①起身，收腹圆背起左手撑地，右手随身体向左侧转体延伸。

②上半身转向另一边，换手撑地。

Stretching 29

①脚尖点地，臀部往上推，眼睛看向肚脐方向。

②左脚往前跨大弓箭步，伸展大腿内侧肌。

③右腿膝盖着地，脚背贴地，伸展髋前部的肌肉。

④骨盆尽量下压，双手放膝盖撑直上半身。

⑤左手撑地置于左脚踝内侧。右手上扬，视线望向指尖。

⑥右手撑地，左手将左膝往外撑开，伸展。

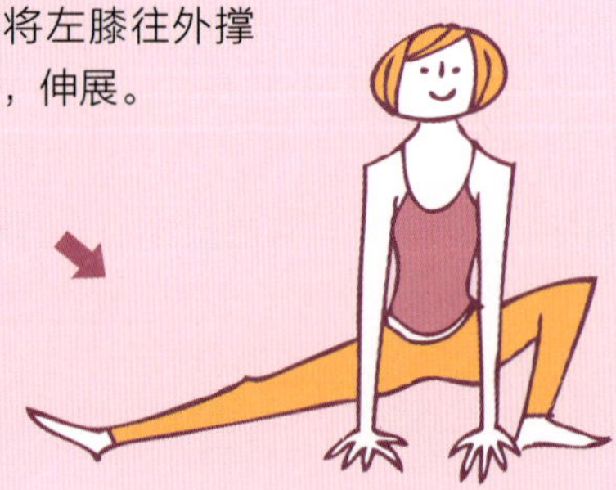

⑦回正面，侧开腿，勾脚尖，尽量将臀部下压。

⑧换边再做一次。

Stretching 30

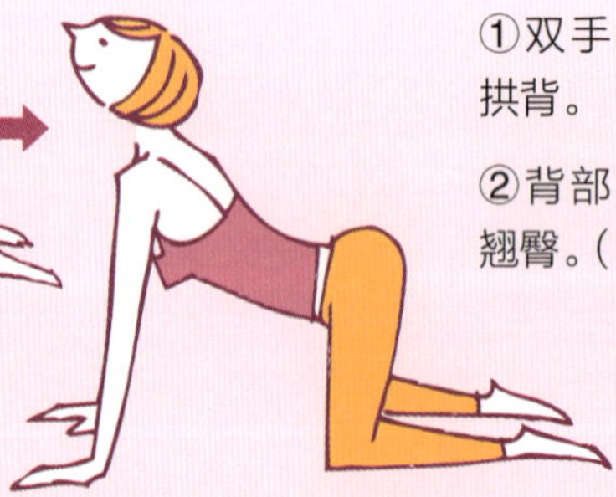

①双手撑地，跨右腿，拱背。

②背部下压，头上扬，翘臀。（重复）

Stretching 31

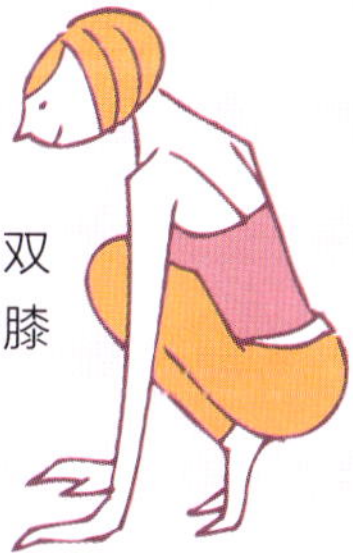

①脚跟提高，双手撑地，胸与膝盖贴紧。

②脚跟着地，双手并拢撑地，臀部下压。（重复）

Stretching 32

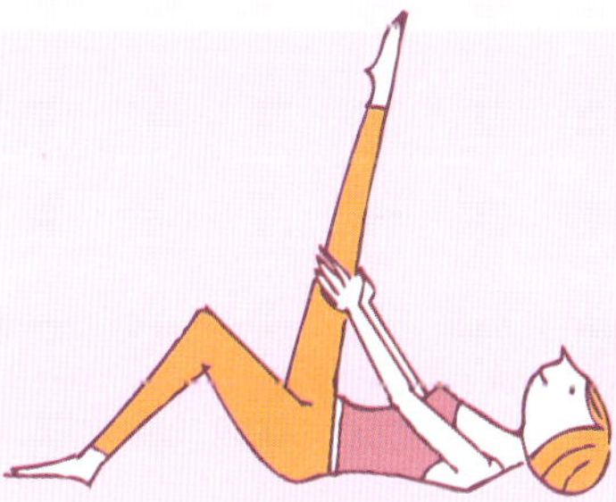

①躺下，双手抱伸直向上的右腿，左腿膝盖弯曲，脚底着地。

②换腿重复一次。

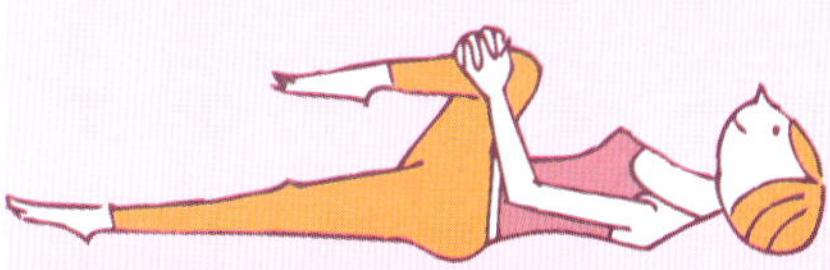

③再换腿，弯曲膝盖拉近胸部，伸展后背。

④换腿重复一次。

Stretching 33

①抓左脚背，膝盖向外拉，让脚靠近身体。

②放平膝盖，髋部打开贴地面。

③提双脚扣住左膝，拉近身体。

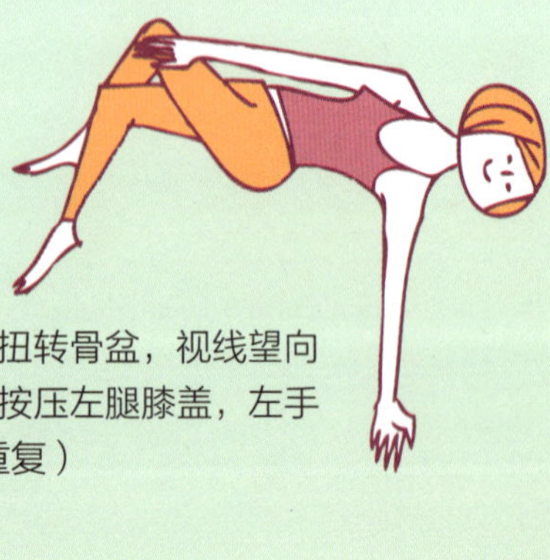

④膝盖着地，扭转骨盆，视线望向相反边，右手按压左腿膝盖，左手自然伸直。（重复）

Stretching 34

①双手抱双腿，抬高骨盆。腿向斜上方伸直。

②屈膝，双手抱紧双膝，伸展后背。

Stretching 35

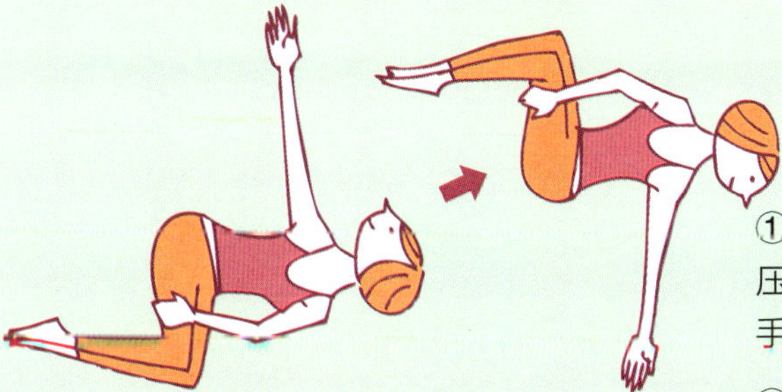

①膝盖向左倒，左手按压双膝，骨盆扭转。右手臂自然打开伸直。

②换边再做一次

Stretching 36

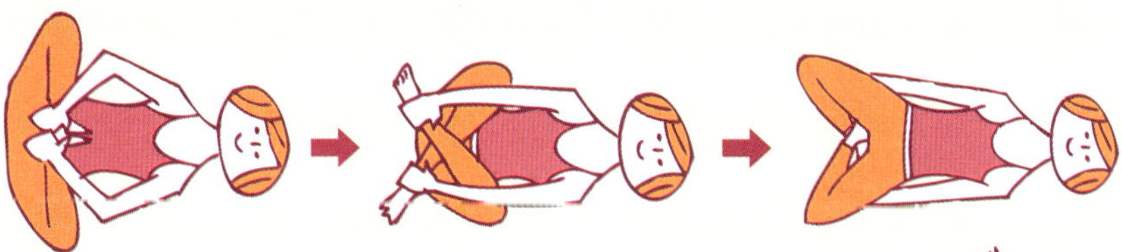

①双脚掌合十，打开膝盖向外伸展。拉脚靠近胸部，脚尖朝向头侧。

②左脚在上，小腿交叉。手握脚背，往上半身拉近。

③后屈膝盖。收腹，腰不要拱起。小腿交叉压于大腿下方，双手抓脚背向身后拉。

④伸左脚向右，扭转骨盆。眼睛看向相反方向，双手平直打开伸展。（重复步骤 3、4）

Stretching 37

①慢慢起身，回到 Z 字坐姿。挺胸往上看。

②身体前屈，双手前伸。头枕于左膝。

③起身，双手分两侧撑地。

Stretching 38

①盘腿坐。伸展颈部肌肉，侧面上扬。

②低头，斜前伸展。双手放于膝盖上。

⑧反方向逆时针再两周。

⑨再次双臂前伸，上半身前弯贴地。

⑩起身，打开胸腔，大大地深呼吸舒展。

④立起右膝盖，伸右手交叉于左臂后，右臂牵引身体向左拉伸。

⑤右腿向后伸长，鸽子式。双手前伸，身体伏地。

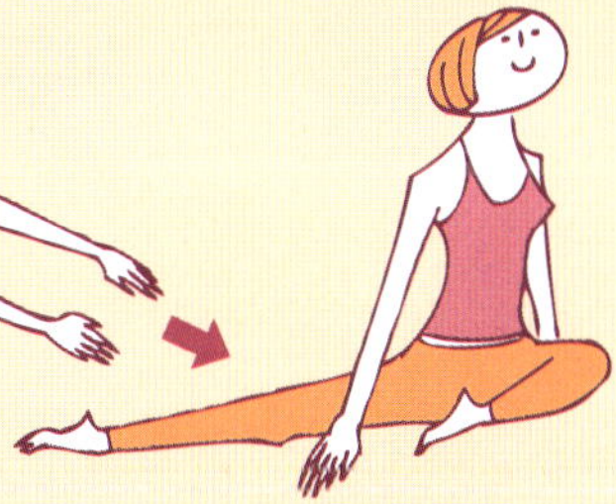

⑥腿部不动，起身，挺胸向侧上方延长颈部。（换边重复）

③慢慢向左边旋转，右手放于左腿膝盖上，左手点地。

④换方向做一次。

⑤身体恢复正直，右臂弯曲放于脑顶，牵引头部向右侧倾。

⑥侧脸，压低颈椎。

⑦起身，头部顺时针绕圈两周。

Part 4

12周，我的美丽身体日志

为了让你的身体柔软美丽又有灵气
并且不容易发胖，
快把健身操纳入你的生活日程中来吧！

伸展运动能够帮你塑造柔软的身体，是各项训练的基础。因此，大家除了练习这次的30分钟循环训练之外，也努力把伸展运动融入到生活的细节中去吧。例如，当感到身体酸痛僵硬时，可以伸伸手臂啊，或者拉伸一下腿后腱*和背肌之类的。只需养成时时运动身体的习惯，你的体质就会越来越易瘦，身体会越变越柔软哦。

*腿后腱：大腿内侧的肌肉。
想要增加下半身的灵活性时，这块肌肉的锻炼
是不可或缺的。

留下记录，是造就美丽身体的捷径！这不仅能给你一个细细审视自己、改善自己的机会，还是继续坚持下去的动力。

为了塑造易瘦不易胖的完美体型，我推荐大家一定要每天坚持练习郑多燕健身操。为此，我特意为大家准备了可记录12个星期的日志本，这个本子可以作为帮助大家养成习惯的强有力的工具。

为什么一定要是12周呢？因为想要将一项行为变为生活的一部分，必须经过12周的时间，12周之后，这个习惯就自然养成了。据说这个数字是通过对大脑的一系列分析得来的，更重要的是，通过我自身的经验，我也十分确定这个数字的准确性。因此，我就经常建议所教课健身房的会员们先试着坚持12周的时间，看看能不能将其变成习惯。此外，这本《美丽身体日志》中，不仅要记录有无进行运动，还要求仔细记录当天的身体状态、饮食、检查身体曲线后的感受等等哦。

要想塑造理想体形，首先就要对现在的自己有一个正确的认识。然后，清楚地知道自己想变成什么样子、有明确的目标也很重要。或许大家会觉得每天都要记录很麻烦，但通过记录，可以帮助大家意识到自己的行动、增加坚持下去的信心，是十分有效的。总而言之，坚持12周的话，你的生活一定会在不知不觉中发生翻天覆地的变化的。请大家一定要灵活运用哦。

减肥中，少食多餐是基本

练习郑多燕健身操的过程中，最忌空腹。因此，我推荐大家使用少食多餐的方法。这样，既不会增加总量，也能获得满足感。日志中“一日六餐”这个检查项目，是指早、中、晚三餐加上点心（零食等）。最开始也许大家吃的总量会有所增加，但为了养成少食多餐的习惯，还是尽量不要减少饮食次数哦。

不要被体重的数字迷惑

这本日志中，特地没有留记录体重和腰围等数值的空间。因为我要借此告诉大家，最重要的是全身的匀称，而不是这些枯燥的数字。我确信，比起执着于死板的数值，绝对是全身镜中照出的你自己更有说服力。

● 身体状态

身体状态这一栏，如果有可能的话，除了记录例假日期，还可以记录基础体温等数据，据此来推断排卵期。同时，把皮肤状态和是否浮肿等也一并写进去吧。这样，就能间接知道是否受到女性激素的影响了哦。简单的记录就能得到这么多好处，推荐大家一定要试试哦。

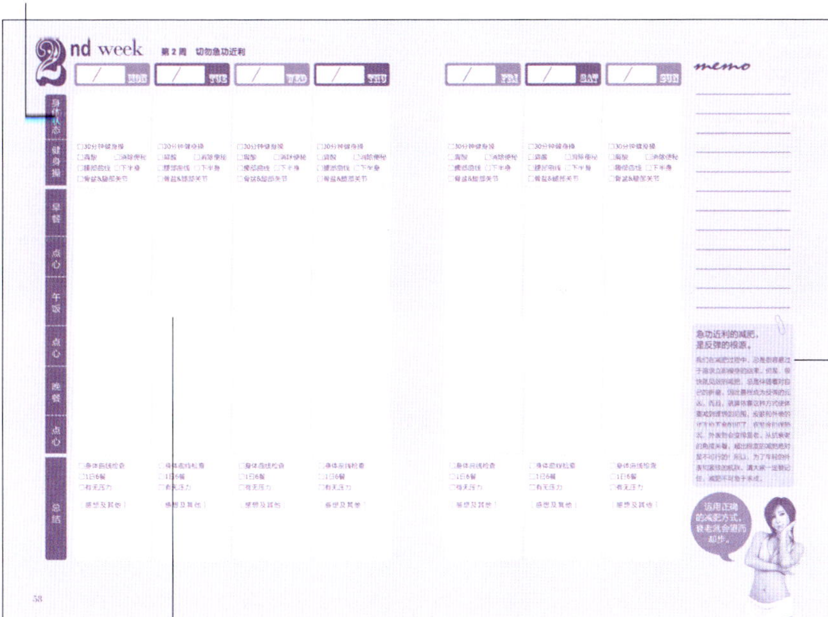

● 饮食

饮食的栏目中，不要只写简单的菜单，把饮食量和吃饭时间也写进去。喝茶时间和拿起一两个点心来吃的时间，也可以记录进去。另外，去外面吃饭或者大家一起喝一杯的时候，别忘了把饮酒量也记下来哦。

● 专栏

为了帮助大家时刻提高减肥的意识，指导大家为了养成运动习惯如何做才好，助力大家早日将健康与美收入囊中，我特地在这个专栏中将一些建议归纳出来。请大家一定要参考哦，这些建议一定能帮助你愉快地坚持下去的。

1st week 第1周 审视身体曲线

	/ MON	/ TUE	/ WED	/ THU
身体状态				
健身操	□30分钟健身操 □肩酸 □消除便秘 □腰部曲线 □下半身 □骨盆&腿部关节	□30分钟健身操 □肩酸 □消除便秘 □腰部曲线 □下半身 □骨盆&腿部关节	□30分钟健身操 □肩酸 □消除便秘 □腰部曲线 □下半身 □骨盆&腿部关节	□30分钟健身操 □肩酸 □消除便秘 □腰部曲线 □下半身 □骨盆&腿部关节
早餐				
点心				
午饭				
点心				
晚餐				
点心				
总结	□身体曲线检查 □1日6餐 □有无压力 〔感想及其他〕	□身体曲线检查 □1日6餐 □有无压力 〔感想及其他〕	□身体曲线检查 □1日6餐 □有无压力 〔感想及其他〕	□身体曲线检查 □1日6餐 □有无压力 〔感想及其他〕

/ FRI

□30分钟健身操
□肩酸 □消除便秘
□腰部曲线 □下半身
□骨盆&腿部关节

□身体曲线检查
□1日6餐
□有无压力

〔感想及其他〕

/ SAT

□30分钟健身操
□肩酸 □消除便秘
□腰部曲线 □下半身
□骨盆&腿部关节

□身体曲线检查
□1日6餐
□有无压力

〔感想及其他〕

/ SUN

□30分钟健身操
□肩酸 □消除便秘
□腰部曲线 □下半身
□骨盆&腿部关节

□身体曲线检查
□1日6餐
□有无压力

〔感想及其他〕

memo

最重要的是
镜子中的自己。
每天都好好
审视自己的身体曲线吧！

以我的经验来看，要是过于重视体重和三围等数值，就很容易减肥失败。我们应该关心的，不是体重计和卷尺上的刻度，而是镜子里的自己，也就是我们的外表。每天都站在那种可以照出全身的镜子前，仔细地、严格地审视自己吧，不要放过任何一处身材走样的地方。为了更清楚地看清身体曲线，最好穿紧身衣哦。也别忘了检查皮肤状态！

2nd week 第2周 切勿急功近利

	/ MON	/ TUE	/ WED	/ THU
身体状态				
健身操	□30分钟健身操 □肩酸 □消除便秘 □腰部曲线 □下半身 □骨盆&腿部关节	□30分钟健身操 □肩酸 □消除便秘 □腰部曲线 □下半身 □骨盆&腿部关节	□30分钟健身操 □肩酸 □消除便秘 □腰部曲线 □下半身 □骨盆&腿部关节	□30分钟健身操 □肩酸 □消除便秘 □腰部曲线 □下半身 □骨盆&腿部关节
早餐				
点心				
午饭				
点心				
晚餐				
点心				
总结	□身体曲线检查 □1日6餐 □有无压力 〔感想及其他〕	□身体曲线检查 □1日6餐 □有无压力 〔感想及其他〕	□身体曲线检查 □1日6餐 □有无压力 〔感想及其他〕	□身体曲线检查 □1日6餐 □有无压力 〔感想及其他〕

/ FRI	/ SAT	/ SUN
□30分钟健身操	□30分钟健身操	□30分钟健身操
□肩酸 □消除便秘	□肩酸 □消除便秘	□肩酸 □消除便秘
□腰部曲线 □下半身	□腰部曲线 □下半身	□腰部曲线 □下半身
□骨盆&腿部关节	□骨盆&腿部关节	□骨盆&腿部关节
□身体曲线检查	□身体曲线检查	□身体曲线检查
□1日6餐	□1日6餐	□1日6餐
□有无压力	□有无压力	□有无压力
〔感想及其他〕	〔感想及其他〕	〔感想及其他〕

memo

急功近利的减肥，是反弹的根源。

我们在减肥过程中，总是很容易过于追求立即瘦身的结果。但是，很快就见效的减肥，总是伴随着对自己的折磨，因此最终成为反弹的元凶。而且，就算依靠这种方式使体重减到理想的范围，皮肤和外表的状态也不会如初了，皮肤会变得暗沉，外表则会变得显老。从抗衰老的角度来看，超出限度的减肥绝对是不可行的！所以，为了年轻的外表和紧致的肌肤，请大家一定要记住，减肥不可急于求成。

3rd week 第 3 周 排除压力，拒绝水桶腰

	/ MON	/ TUE	/ WED	/ THU
身体状态				
健身操	□30分钟健身操 □肩酸 □消除便秘 □腰部曲线 □下半身 □骨盆&腿部关节	□30分钟健身操 □肩酸 □消除便秘 □腰部曲线 □下半身 □骨盆&腿部关节	□30分钟健身操 □肩酸 □消除便秘 □腰部曲线 □下半身 □骨盆&腿部关节	□30分钟健身操 □肩酸 □消除便秘 □腰部曲线 □下半身 □骨盆&腿部关节
早餐				
点心				
午饭				
点心				
晚餐				
点心				
总结	□身体曲线检查 □1日6餐 □有无压力 〔感想及其他〕	□身体曲线检查 □1日6餐 □有无压力 〔感想及其他〕	□身体曲线检查 □1日6餐 □有无压力 〔感想及其他〕	□身体曲线检查 □1日6餐 □有无压力 〔感想及其他〕

/ FRI

□30分钟健身操
□肩酸 □消除便秘
□腰部曲线 □下半身
□骨盆&腿部关节

□身体曲线检查
□1日6餐
□有无压力

［感想及其他］

/ SAT

□30分钟健身操
□肩酸 □消除便秘
□腰部曲线 □下半身
□骨盆&腿部关节

□身体曲线检查
□1日6餐
□有无压力

［感想及其他］

/ SUN

□30分钟健身操
□肩酸 □消除便秘
□腰部曲线 □下半身
□骨盆&腿部关节

□身体曲线检查
□1日6餐
□有无压力

［感想及其他］

memo

如何对待压力，将直接关系到你是否会成为水桶腰！

压力是减肥的大敌。压力大的时候，我们的腹部就很容易堆积肥肉，对此比较在意的人一定要引起注意。也有调查结果表明，越是容易受压力影响的人，腹部肥胖的几率就越高！要解决这个问题，当然进行针对腹部的运动必不可少，但更重要的是，我们首先要在感受到压力后马上解决它。快找一些自己感兴趣的事来转移注意力，找到适合自己的解压方法吧。

你有没有找到适合自己的压力排除法呢？

4th week

第 4 周　不要强制性饿肚子

	/ MON	/ TUE	/ WED	/ THU
身体状态				
健身操	□30分钟健身操 □肩酸 □消除便秘 □腰部曲线 □下半身 □骨盆&腿部关节	□30分钟健身操 □肩酸 □消除便秘 □腰部曲线 □下半身 □骨盆&腿部关节	□30分钟健身操 □肩酸 □消除便秘 □腰部曲线 □下半身 □骨盆&腿部关节	□30分钟健身操 □肩酸 □消除便秘 □腰部曲线 □下半身 □骨盆&腿部关节
早餐				
点心				
午饭				
点心				
晚餐				
点心				
总结	□身体曲线检查 □1日6餐 □有无压力 〔感想及其他〕	□身体曲线检查 □1日6餐 □有无压力 〔感想及其他〕	□身体曲线检查 □1日6餐 □有无压力 〔感想及其他〕	□身体曲线检查 □1日6餐 □有无压力 〔感想及其他〕

/ FRI	/ SAT	/ SUN
□30分钟健身操	□30分钟健身操	□30分钟健身操
□肩酸 □消除便秘	□肩酸 □消除便秘	□肩酸 □消除便秘
□腰部曲线 □下半身	□腰部曲线 □下半身	□腰部曲线 □下半身
□骨盆&腿部关节	□骨盆&腿部关节	□骨盆&腿部关节
□身体曲线检查	□身体曲线检查	□身体曲线检查
□1日6餐	□1日6餐	□1日6餐
□有无压力	□有无压力	□有无压力
［感想及其他］	［感想及其他］	［感想及其他］

memo

强制性地饿肚子是过饮过食的元凶！

有心要减肥的话，就得直面咕咕乱叫的肚子、忍受控制食欲的艰苦，无论意志多坚强的人，这都不是一件容易的事。其实，如果要通过控制饮食来减肥，就已经迈进“狼吞虎咽、过饮过食”的误区了。请大家一定要记住，“饿肚子是减肥的大敌”！如果感到饿的话，就快点补充一些坚果和干果之类的吧，这些零食吃了既不会发胖又有营养，很有用哦。

点心要选择加工度低的才好！

5th week 第 5 周　调整肌肉，摄入蛋白质

	/ MON	/ TUE	/ WED	/ THU
身体状态				
健身操	□30分钟健身操 □肩酸 □消除便秘 □腰部曲线 □下半身 □骨盆&腿部关节	□30分钟健身操 □肩酸 □消除便秘 □腰部曲线 □下半身 □骨盆&腿部关节	□30分钟健身操 □肩酸 □消除便秘 □腰部曲线 □下半身 □骨盆&腿部关节	□30分钟健身操 □肩酸 □消除便秘 □腰部曲线 □下半身 □骨盆&腿部关节
早餐				
点心				
午饭				
点心				
晚餐				
点心				
总结	□身体曲线检查 □1日6餐 □有无压力 〔感想及其他〕	□身体曲线检查 □1日6餐 □有无压力 〔感想及其他〕	□身体曲线检查 □1日6餐 □有无压力 〔感想及其他〕	□身体曲线检查 □1日6餐 □有无压力 〔感想及其他〕

/ FRI	/ SAT	/ SUN
□30分钟健身操	□30分钟健身操	□30分钟健身操
□肩酸 □消除便秘	□肩酸 □消除便秘	□肩酸 □消除便秘
□腰部曲线 □下半身	□腰部曲线 □下半身	□腰部曲线 □下半身
□骨盆&腿部关节	□骨盆&腿部关节	□骨盆&腿部关节
□身体曲线检查	□身体曲线检查	□身体曲线检查
□1日6餐	□1日6餐	□1日6餐
□有无压力	□有无压力	□有无压力
〔感想及其他〕	〔感想及其他〕	〔感想及其他〕

memo

肌肉就是你的调整内衣。决不允许肌肉松弛和身材走样！

挺翘的臀部、浑圆的胸部，这些都是女性梦寐以求的S形曲线。但很遗憾，如果想拥有这种身材，光靠减少饮食量是不够的，还需要我们身上的调整内衣——肌肉发挥作用。也就是说，我们得坚持适度的运动，并且补充蛋白质和维生素，保持饮食均衡。这样日复一日地坚持下去，就能拥有紧致无赘肉的完美身材了哦。

6th week

第 6 周　晚上超容易发胖

	/ MON	/ TUE	/ WED	/ THU
身体状态				
健身操	□30分钟健身操 □肩酸 □消除便秘 □腰部曲线 □下半身 □骨盆&腿部关节	□30分钟健身操 □肩酸 □消除便秘 □腰部曲线 □下半身 □骨盆&腿部关节	□30分钟健身操 □肩酸 □消除便秘 □腰部曲线 □下半身 □骨盆&腿部关节	□30分钟健身操 □肩酸 □消除便秘 □腰部曲线 □下半身 □骨盆&腿部关节
早餐				
点心				
午饭				
点心				
晚餐				
点心				
总结	□身体曲线检查 □1日6餐 □有无压力 〔感想及其他〕	□身体曲线检查 □1日6餐 □有无压力 〔感想及其他〕	□身体曲线检查 □1日6餐 □有无压力 〔感想及其他〕	□身体曲线检查 □1日6餐 □有无压力 〔感想及其他〕

/ FRI

☐30分钟健身操
☐肩酸 ☐消除便秘
☐腰部曲线 ☐下半身
☐骨盆&腿部关节

☐身体曲线检查
☐1日6餐
☐有无压力

〔感想及其他〕

/ SAT

☐30分钟健身操
☐肩酸 ☐消除便秘
☐腰部曲线 ☐下半身
☐骨盆&腿部关节

☐身体曲线检查
☐1日6餐
☐有无压力

〔感想及其他〕

/ SUN

☐30分钟健身操
☐肩酸 ☐消除便秘
☐腰部曲线 ☐下半身
☐骨盆&腿部关节

☐身体曲线检查
☐1日6餐
☐有无压力

〔感想及其他〕

memo

饿肚子的确是NG的，但还是要对夜宵说NO！

随着夜晚的来临，我们的身体代谢也逐渐调整为睡眠模式。因此，吃夜宵绝对会导致脂肪快速积聚！就算是同一份食物，白天吃和晚上吃的效果也不一样。白天，由于我们处在活动状态，能量消耗比较多，而且原本新陈代谢就旺盛，所以一般不会吃了马上长肉。如果一定要吃油炸食品、比萨、芝士焗菜等高热量食品的话，白天活动量大的时候是个明智的选择。

7th week　第7周　顺应生理周期

	/ MON	/ TUE	/ WED	/ THU
身体状态				
健身操	□30分钟健身操 □肩酸　□消除便秘 □腰部曲线　□下半身 □骨盆&腿部关节	□30分钟健身操 □肩酸　□消除便秘 □腰部曲线　□下半身 □骨盆&腿部关节	□30分钟健身操 □肩酸　□消除便秘 □腰部曲线　□下半身 □骨盆&腿部关节	□30分钟健身操 □肩酸　□消除便秘 □腰部曲线　□下半身 □骨盆&腿部关节
早餐				
点心				
午饭				
点心				
晚餐				
点心				
总结	□身体曲线检查 □1日6餐 □有无压力 〔感想及其他〕	□身体曲线检查 □1日6餐 □有无压力 〔感想及其他〕	□身体曲线检查 □1日6餐 □有无压力 〔感想及其他〕	□身体曲线检查 □1日6餐 □有无压力 〔感想及其他〕

/ FRI	/ SAT	/ SUN
□30分钟健身操	□30分钟健身操	□30分钟健身操
□肩酸 □消除便秘	□肩酸 □消除便秘	□肩酸 □消除便秘
□腰部曲线 □下半身	□腰部曲线 □下半身	□腰部曲线 □下半身
□骨盆&腿部关节	□骨盆&腿部关节	□骨盆&腿部关节
□身体曲线检查	□身体曲线检查	□身体曲线检查
□1日6餐	□1日6餐	□1日6餐
□有无压力	□有无压力	□有无压力
〔感想及其他〕	〔感想及其他〕	〔感想及其他〕

memo

顺应生理周期，聪明地减肥！

要想将减肥顺利地坚持下去，先好好把握自己的生理周期吧。例假前，受黄体酮的影响，我们身体中的水分和脂肪容易积存；而例假结束后，由于雌激素分泌，体内循环变快，新陈代谢水平也随之提高。所以说，就算我们每天都重复相同的生活，受女性荷尔蒙的影响，每天的身体变化也都是不同的。聪明地对待你的生理期吧。

8th week

第 8 周　拒绝寒凉

	/ MON	/ TUE	/ WED	/ THU
身体状态				
健身操	□30分钟健身操 □肩酸　□消除便秘 □腰部曲线　□下半身 □骨盆&腿部关节	□30分钟健身操 □肩酸　□消除便秘 □腰部曲线　□下半身 □骨盆&腿部关节	□30分钟健身操 □肩酸　□消除便秘 □腰部曲线　□下半身 □骨盆&腿部关节	□30分钟健身操 □肩酸　□消除便秘 □腰部曲线　□下半身 □骨盆&腿部关节
早餐				
点心				
午饭				
点心				
晚餐				
点心				
总结	□身体曲线检查 □1日6餐 □有无压力 〔感想及其他〕	□身体曲线检查 □1日6餐 □有无压力 〔感想及其他〕	□身体曲线检查 □1日6餐 □有无压力 〔感想及其他〕	□身体曲线检查 □1日6餐 □有无压力 〔感想及其他〕

/ FRI	/ SAT	/ SUN
□30分钟健身操	□30分钟健身操	□30分钟健身操
□肩酸 □消除便秘	□肩酸 □消除便秘	□肩酸 □消除便秘
□腰部曲线 □下半身	□腰部曲线 □下半身	□腰部曲线 □下半身
□骨盆&腿部关节	□骨盆&腿部关节	□骨盆&腿部关节
□身体曲线检查	□身体曲线检查	□身体曲线检查
□1日6餐	□1日6餐	□1日6餐
□有无压力	□有无压力	□有无压力
［感想及其他］	［感想及其他］	［感想及其他］

memo

寒凉是健康的大敌。泡个澡，或者吃点生姜，巧妙地让自己温暖起来吧！

我们之所以会感到寒凉，其实是因为血液循环不畅。这个寒凉不仅是冬天才有的问题，即便是夏天，也有不少人因为吹空调而感到浑身发凉。如果就这样放任手脚冰凉不管不顾的话，就容易形成脂肪堆积，从而皮肤干燥、内脏受损！在我们的身体变成这样之前，快点找到适合自己的暖身方法吧。对抗寒凉，预防比什么都重要哦。

9th week　第 9 周　用照片影响自己

	/ MON	/ TUE	/ WED	/ THU
身体状态				
健身操	□30分钟健身操 □肩酸　□消除便秘 □腰部曲线　□下半身 □骨盆&腿部关节	□30分钟健身操 □肩酸　□消除便秘 □腰部曲线　□下半身 □骨盆&腿部关节	□30分钟健身操 □肩酸　□消除便秘 □腰部曲线　□下半身 □骨盆&腿部关节	□30分钟健身操 □肩酸　□消除便秘 □腰部曲线　□下半身 □骨盆&腿部关节
早餐				
点心				
午饭				
点心				
晚餐				
点心				
总结	□身体曲线检查 □1日6餐 □有无压力 〔感想及其他〕	□身体曲线检查 □1日6餐 □有无压力 〔感想及其他〕	□身体曲线检查 □1日6餐 □有无压力 〔感想及其他〕	□身体曲线检查 □1日6餐 □有无压力 〔感想及其他〕

/ FRI	/ SAT	/ SUN
□30分钟健身操	□30分钟健身操	□30分钟健身操
□肩酸 □消除便秘	□肩酸 □消除便秘	□肩酸 □消除便秘
□腰部曲线 □下半身	□腰部曲线 □下半身	□腰部曲线 □下半身
□骨盆&腿部关节	□骨盆&腿部关节	□骨盆&腿部关节
□身体曲线检查	□身体曲线检查	□身体曲线检查
□1日6餐	□1日6餐	□1日6餐
□有无压力	□有无压力	□有无压力
［感想及其他］	［感想及其他］	［感想及其他］

memo

不要忽视日积月累的巨大影响力！

我一直觉得，图像的影响力不可低估。如果我们每天都看同一样东西，肯定能从中得到点什么。比如说，如果想更加接近我们梦寐以求的身材，只要把拥有这种身材的女性照片贴在经常能看到的地方，就能得到莫大的动力。反过来，如果把以前发胖时的照片贴在冰箱上，说不定还能起到防止暴饮暴食的效果呢。

10th week

第 10 周　按摩掉橘皮纹

	/ MON	/ TUE	/ WED	/ THU
身体状态				
健身操	□30分钟健身操 □肩酸　□消除便秘 □腰部曲线　□下半身 □骨盆&腿部关节	□30分钟健身操 □肩酸　□消除便秘 □腰部曲线　□下半身 □骨盆&腿部关节	□30分钟健身操 □肩酸　□消除便秘 □腰部曲线　□下半身 □骨盆&腿部关节	□30分钟健身操 □肩酸　□消除便秘 □腰部曲线　□下半身 □骨盆&腿部关节
早餐				
点心				
午饭				
点心				
晚餐				
点心				
总结	□身体曲线检查 □1日6餐 □有无压力 〔感想及其他〕	□身体曲线检查 □1日6餐 □有无压力 〔感想及其他〕	□身体曲线检查 □1日6餐 □有无压力 〔感想及其他〕	□身体曲线检查 □1日6餐 □有无压力 〔感想及其他〕

FRI	SAT	SUN
/	/	/
□30分钟健身操	□30分钟健身操	□30分钟健身操
□肩酸 □消除便秘	□肩酸 □消除便秘	□肩酸 □消除便秘
□腰部曲线 □下半身	□腰部曲线 □下半身	□腰部曲线 □下半身
□骨盆&腿部关节	□骨盆&腿部关节	□骨盆&腿部关节
□身体曲线检查	□身体曲线检查	□身体曲线检查
□1日6餐	□1日6餐	□1日6餐
□有无压力	□有无压力	□有无压力
［感想及其他］	［感想及其他］	［感想及其他］

memo

对付橘皮纹，还是按摩最有效！

有一种东西，它一旦生成，即便你再努力运动、注意饮食，也还是无法消除，使皮肤恢复如初，它就是橘皮纹。其实，对付橘皮纹，应该养成按摩的习惯。为防止摩擦，可以利用按摩精油和按摩霜，一块一块地将橘皮纹逐一消灭干净。这个按摩虽然多多少少有点疼，但确实很有效果哦，对此我有切身体会。

洗完澡的时间按摩最good！

11th week

第 11 周　水是减肥最佳伴侣

	/ MON	/ TUE	/ WED	/ THU
身体状态				
健身操	□30分钟健身操 □肩酸 □消除便秘 □腰部曲线 □下半身 □骨盆&腿部关节	□30分钟健身操 □肩酸 □消除便秘 □腰部曲线 □下半身 □骨盆&腿部关节	□30分钟健身操 □肩酸 □消除便秘 □腰部曲线 □下半身 □骨盆&腿部关节	□30分钟健身操 □肩酸 □消除便秘 □腰部曲线 □下半身 □骨盆&腿部关节
早餐				
点心				
午饭				
点心				
晚餐				
点心				
总结	□身体曲线检查 □1日6餐 □有无压力 〔感想及其他〕	□身体曲线检查 □1日6餐 □有无压力 〔感想及其他〕	□身体曲线检查 □1日6餐 □有无压力 〔感想及其他〕	□身体曲线检查 □1日6餐 □有无压力 〔感想及其他〕

/ FRI

□30分钟健身操
□肩酸 □消除便秘
□腰部曲线 □下半身
□骨盆&腿部关节

□身体曲线检查
□1日6餐
□有无压力

〔感想及其他〕

/ SAT

□30分钟健身操
□肩酸 □消除便秘
□腰部曲线 □下半身
□骨盆&腿部关节

□身体曲线检查
□1日6餐
□有无压力

〔感想及其他〕

/ SUN

□30分钟健身操
□肩酸 □消除便秘
□腰部曲线 □下半身
□骨盆&腿部关节

□身体曲线检查
□1日6餐
□有无压力

〔感想及其他〕

memo

干瘪的女人是没有魅力的。女人就应该水水嫩嫩的，对吧！

起床后和洗澡前，我是一定要喝杯水的。特别是早起的第一杯水，不仅有利于排便，还能让身体的每个细胞都充满新鲜的水分，所以不容忽视。一般来说，喝矿泉水就可以了，但需要注意的是，夏天也要喝常温的水，不要因为天热就喝冰的。通过喝水就能促进新陈代谢，水果然是减肥的最佳伴侣呢。

12th week

第 12 周　优质睡眠超重要

	／ MON	／ TUE	／ WED	／ THU
身体状态				
健身操	□30分钟健身操 □肩酸　□消除便秘 □腰部曲线　□下半身 □骨盆&腿部关节	□30分钟健身操 □肩酸　□消除便秘 □腰部曲线　□下半身 □骨盆&腿部关节	□30分钟健身操 □肩酸　□消除便秘 □腰部曲线　□下半身 □骨盆&腿部关节	□30分钟健身操 □肩酸　□消除便秘 □腰部曲线　□下半身 □骨盆&腿部关节
早餐				
点心				
午饭				
点心				
晚餐				
点心				
总结	□身体曲线检查 □1日6餐 □有无压力 〔感想及其他〕	□身体曲线检查 □1日6餐 □有无压力 〔感想及其他〕	□身体曲线检查 □1日6餐 □有无压力 〔感想及其他〕	□身体曲线检查 □1日6餐 □有无压力 〔感想及其他〕

/ FRI	/ SAT	/ SUN
□30分钟健身操	□30分钟健身操	□30分钟健身操
□肩酸 □消除便秘	□肩酸 □消除便秘	□肩酸 □消除便秘
□腰部曲线 □下半身	□腰部曲线 □下半身	□腰部曲线 □下半身
□骨盆&腿部关节	□骨盆&腿部关节	□骨盆&腿部关节
□身体曲线检查	□身体曲线检查	□身体曲线检查
□1日6餐	□1日6餐	□1日6餐
□有无压力	□有无压力	□有无压力
〔感想及其他〕	〔感想及其他〕	〔感想及其他〕

memo

优质的睡眠绝对比昂贵的美容精华液更有效果！

睡眠时分泌的成长荷尔蒙，别名“返老还童”激素，是抗衰老和减肥必不可缺的重要荷尔蒙。为了保证成长荷尔蒙的分泌，优质的睡眠不可缺少。最理想的状态是晚上10点到11点之间就寝，睡7到8个小时左右。或许大家每天都很繁忙，要做到理想状态比较困难。但要是做到了，效果绝对会让你惊喜的哦。请大家一定要试试！